대지극장에서 나는, 검은 책을 읽었다

한우진 시집

시인동네 시인선 230   한우진 시집

대지극장에서 나는, 검은 책을 읽었다

시인동네

유柳아네스에게

시인의 말

聘槐冷齋廳古乞朴빙괴냉재추고돌박—— 느티나무를 오래 바라보았다. 잎사귀들의 몸서리는 귀를 이아이고, 고들빼기가 거칠어졌다. 일곱 번의 봄을 재웠지만 겨우 皁色조색을 넘나드는 빈 그릇이라니! 春暴練춘폭련이나 다름없는 시들로 채워진 이번 시집, 바라건대 '능욕의 최후'에 다다르기를.

2024년 4월
한우진

차례

시인의 말

제1부

대지극장 · 15

기린 카프카 · 16

얼음밴드 · 18

천염(濺染) · 22

흰옷을 던져 말발굽을 받다 · 23

서정춘 · 24

칠면조 · 26

엑스터시 · 28

쇼스타코비치 · 30

장래희망 · 31

예백(曳白) · 32

염지(染指) · 34

처락(妻落) · 35

개울을 씹어 삼키고 · 36

제2부

출두명령서 · 39

진흙과 모래 · 40

고유명사 · 43

모리스 블랑쇼에서 모리스 블랑쇼로 · 44

어스앙카 · 46

물속을 흘러가는 · 47

구절초 · 48

부표 · 50

호구 · 51

늦은 조문 · 52

좌귀음(左歸飮) · 54

죽어 그릇에 매화등심 · 56

금융통화위원회 · 58

제3부

등급 · 61

비보호좌회전 · 62

식도 1 · 63

식도 2 · 66

식도 3 · 68

9 · 70

국어 산수 사회 자연 · 71

납품 · 72

이수(螭首) · 74

수리(袖裏) · 75

밀설(密說) · 76

언어의 결실 · 77

근육 · 78

중국발 미세먼지 · 80

화가를 향한 대처 · 81

제비 날개 · 82

제4부

문이추(文而醜) · 85

피케(piqué) · 86

한식 · 88

가산(佳山) · 89

갱물 · 90

금록(琴綠) · 92

전루(田漏) · 94

대상포진 · 95

신개종도(神丐宗濤) · 98

배나무를 베지 말아라 · 100

가족주의 가구 · 103

백중(白重) · 104

붓이 지나가니 우는 · 106

해설 멈추지 않는 정신의 힘 · 107
  임지훈(문학평론가)

제1부

대지극장

불을 만들어 옮기던 때가 있었다.
접시에 담긴 음식처럼 집집마다 돌렸다, 계절을 깨우며
나무들이 그것을 옮겼다. 불여화쟁(不與火爭)
느릅, 버드, 느티, 박달, 뽕, 산뽕, 대추, 은행, 조롱, 졸참
짝을 이뤄 동시상영은 강과 골짜기로 번졌다.
죽은 자들의 책이 살아났다. 검은 불꽃,

죽은 나무를 만나기 위해서는 눈[雪]만으로 충분할 것이다.

먼발치에서 사랑하다가 같이 죽는 '내 나무'
태어남과 죽음의 동시상영관
대지극장에서 나는, 검은 책을 읽었다.
불꽃에 밑줄을 치면서,

너를 사랑하다 죽은 '내 나무'는 대지극장에 있었다.

기린 카프카

I
'위에 있기에 그는 이겨낸다'
나는 밀로슈의 이 말을
기린 카프카에게 주기로 하였다
일생을 통해 한 번도 울지 못한다는 기린,
위에 있으므로 그는 울 겨를이 없다
내려다보는 일만으로도 일생은 벅차다
새털구름은 기린 옆에 들떠 있다
구름이 천상의 악공이 아니라면
내려다보는 일은 격앙된 즐거움일 수 없다

II
나는 이「기린 카프카」를
감았다 풀었다 연을 날리는 자세로
자새를 움켜쥐고 있다
기린 카프카는 위에 있기에
그의 겨드랑이는 점점 드러난다

문지방에 떨어지는 깃털
깃은 그라쿠스를 향해 자라고 털은
눈부신 밤, 격렬한 사정*을 위하여 부풀어 오른다

Ⅲ
그는 신으로부터 수수께끼를 부여받은 인간,
위에 있으면서 온갖 벌레에게 들킨 유일한 인간

---

*Verkehr: 교통, 교류, 성교.

얼음밴드

"공짜는 없어!"에 우리는 충격을 받았다. 충격은 충격을 낳는 법, 우리는 밴드를 결성했다. 이 밴드의 음악적 언어 활동은 하이브리드 속의 하이브리드, **『시인들에 반대함』***, 감정의 방어, 편집중의 존속, 상승의 승계, 개종의 예인(曳引) 등을 바탕으로 전개되었다.

Ⅰ 드럼: 앙토냉 아르토
Ⅱ 베이스: 프랜시스 베이컨
Ⅲ 기타: 프란츠 카프카
Ⅳ 리듬기타, 키보드: 빙괴냉재주인(聘槐冷齋主人)
Ⅴ 리더, 리드기타, 보컬: 프리드리히 니체

Ⅰ
"우리가 유일하게 '문학'이라 말할 수 있는 문학은

자기의 성채 안에 폭발물을 장치하는 것이다.

모든 존재의 똥과 자기 언어의 똥을 폭파시키는 것,

자신의 상품 가치를 폭파시키는 것이 문학이다.

약한 자들, 실어증 환자들, 문맹자들을 **운반해 가는 과정**이 되지 않고

자기를 목적으로 하거나 목적을 고정시킬 때,

그런 문학은 모두 돼지의 똥이다."

II

풍부한 폭발! 아름다움의 폭발입니다. 제거해야만 하고, 제거한다는 것은 예술가의 복무, 이를테면 발골(發骨) 같은 것입니다. "나는 도살장과 고기와 관련된 이미지들에 늘 감동을 받았고, 내게 있어서 그 이미지들은 십자가에 못 박힌 예수가 무엇인가라는 문제와 밀접하게 연결되어 있습니다." 신성모독은 아니올시다. 하나의 시선이지요. 그저 '자아'의 한계에 대해 질문을 던졌습니다. 바로 얼굴입니다. 얼(정신)이 들어

차 있는 골(骨, 빽빽한 뼈) —— 전율하는 '자아', "이제 인간은 우발적 존재이고 의미 없는 존재이며 아무 이유 없이 끝까지 유희를 즐겨야 한다는 것을 실감합니다." 낮게, **아주 낮게** 엎드려야 들을 수 있습니다. "우리는 고깃덩어리고, 우리는 잠재적인 해골인 것이 분명합니다."

Ⅲ

"너 자신을 알라는 다음과 같은 것을 뜻하지 않는다. 너 자신을 살펴보라가 그것이다. '너 자신을 살펴보라'는 뱀의 말이다. 이것은 다음과 같은 것을 의미한다. 네 행위의 주인으로 너 자신을 바꿔라. 따라서 그 말은 이것을 의미한다. 너 자신을 무시하라! 너 자신을 파괴하라! 다시 말해 안 좋은 그 무엇인데, 단지 **아주 낮게** 귀 기울일 때에만 그것이 지닌 좋은 것, 그리고 또한 다음과 같은 식으로 표현하는 것을 들을 뿐이다. 너 자신으로 너를 바꿀 목적으로."

Ⅳ

아무리 왜곡을 해도 남아 있죠. 풍부해 보이는 나, 관습적인 나는 제거해야 마땅합니다. **我斬我芽(아참아아)**. 나를 갈기갈기 찢어 죽여야만 '나'가 새로 싹틉니다. 새로운 듣기입니다, **납작 엎드려서** 듣는 차가움, 얼음 속에 맺힌 음악입니다.

V
"현재의 네가 되라."

---

*Witold Marian Gombrowicz의 텍스트. 그의 소설들은 그의 말대로 '낮은 차원'으로 내려간 세계를 다룬다.

천염(濺染)

비는 여기에서 잉크다
그리고 나는 한낱 종이
한번 흩뿌리고
한번 흠뻑 젖는다
어느덧 잉크는
닦을 수 없는 눈물

잉크는 거기에서 비다
그리고 압축 종이상자를 뜯고 나온
여자들은 실크벽지
흩뿌리고, 젖어도
찢어지지 않는
잇 백

흰옷을 던져 말발굽을 받다

짙은 눈썹 같다, 괴강(槐江)의 정수리에 묶여 있는 두 척의 배. 안개를 쟁이던 새들이 날아오르자 갈대가 일제히 쓰러진다. 협곡이 생겨나고 지나가던 늙은이가 때맞춰 값을 쳐준다. 신이 나서 뱃머리를 때리는 남풍(嵐風)의 화래화거(划來划去), 볼때기를 얻어맞은 궐어탄(鱖魚灘)은 저림을 못 견뎌 물결을 물고 잡아챈다. 몰려드는 돌, 쏘가리는 살찌기 시작하고 물에 떨어지는 복숭아 꽃잎, 흰옷을 던져 말발굽을 받는다. 성난 갈기들, 풀기 없은 바람이 그래 어디 한번 떠나봐라 발목이 잡힌 강은 급하다, 애가 마른다. 교미를 끝내고 꼬리를 감추는 살쾡이 같은 휴월(虧月)이 부서지는 괴강은 달리는 말[馬] 같다.

서정춘

1. 에쁘롱(Eperon)

거기서는 며느리발톱이 지배할 것이다

세상에
짧게 만들다니!

그는 얼마나 권위적인가

2. 초월성의 음표, 트랩

초월성을 지니지 않은 문학은 끈적거릴 뿐 개운한 맛이 없다. 재래의 언어로 '비애'를 표현할 수밖에 없는 문학은 '국물 없는 국밥'에 다름 아니다. 그런 비애는 초저녁에 차려낸 술상의 안주조차 되지 못한다. 그러니 술잔에 술이 그냥 남게 되는 형국은 한마디로 자신의 문학의 전복이나 개진이 아닌, 잔류라는 트랩에 걸리게 되는 것이라고 잘라 말할 수 있겠다.

트랩을 통과한 서정춘의 여러 시들은 결심을 끝낸 '극약'의 정수리를 견지하고 있다. 그는 사물 혹은 대상과 싸우지 않고 초월한다. 그는 초월함으로써 시가 존재하게끔 만드는 유혹의 작용을 강화한다. 그의 비트는 시의 중간 중간 32분음표를 넘어선다. 그의 울림은 길다. 반면, 다들 짧다고 여기는 그 무엇은 긴 울림 안에 있는 어떤 반짝거림일 뿐이다.

칠면조

1.

낱말들을 절약하시오. 오만 원 지폐처럼 귀하게 여기시오.

2.

여러 마리의 강(江), 말이 끄는 벼리.

3.

겨울, 폐렴, 양철지붕에 드러누워 들러붙은, 어둠에 털린 열매, 허허벌판에 뛰어다니다 쓰러지는 눈, 그러나 쌓이지 않는 눈, 기교라는 것.

4.

'현대적이어야 한다.'라는 화덕에 모여앉아 불을 쬔다. 어떤 인간은 큰 화로를 가지고 왔지만 겨우 재만 담아간다.

5.

맹호연(孟浩然)을 쓰면 국화 위로 눈이 쏟아진다. **天邊樹若薺(천변수야제)**

6.

에잇 사쿠라, 팔광(八光)을 쥐고 밑장을 힘주어 쪼였는데 드러난 것은 이매조 열 끗.

7.

금록(琴綠)의 밤, 매발톱꽃이 뿜는 보라색(=버림받은 애인)

엑스터시

 사잣밥을 목에 걸고 여름이 처형(處刑)을 기다리는 가을, 시는 영광이거나 죽음입니다. (달리 말할 수도 있겠습니다. 신생(新生) 아니면 화석(化石)입니다.) 영광은 **살 맞은 뱀**, '욕망들로 꽉 찬 빛, 욕망들로 빛나는 타오름 —— 낙원'입니다. 기쁨을 향해 들솟는 타오름입니다. 돌고 도는 피 —— 투명한 혈액입니다. 영광의 다른 이름은 유명입니다. 이름이 솟구칩니다. (알아보는 사람의) 숫자가 늘어납니다. 불가피하게 기름집니다. 불멸을 꿈꾸게 되지요. —— 야망입니다. '야망 없이 글을 쓰는 것은 파렴치한 일'입니다.

 저주의 싹이 될지라도 이 끔찍한 영광의 씨를 받아놓아야 합니다. 더 끔찍한, 죽음을 말해보겠습니다. 재입니다. 날립니다. 결코 날아가는 것이 아닙니다. 처형을 옮기는 이들이 있습니다. 일종의 배관이지요. 배관공이 필요합니다. 사실 '평범한 배관공은 사람들에게 유익한 존재'입니다. 그들은 운반하고 치웁니다. 그러나 어떻습니까? '진부하고, 판에 박힌, 그래서 무익하고, 결국 성가시고, 마침내 해를 미치는 책들을 만들어내는 평범한 시인들은 경멸당해 마땅한 존재'*가 아니겠습니까.

    시는 자기의 바깥으로 나가지 않으려고 괴로워합니다. 일종의 풍선입니다. 그 안에서 현존하기 위해 몸부림칩니다. 고독이 그렇습니다. 둥실! 뜹니다. (=다시 영광입니다.) 그러다가 팽팽했던 자기 자신에게서 빠져나가면 곧바로 극도의 무감각, 죽음의 영역으로 들어서게 됩니다. (=다시 재입니다.) 가을이 여름의 가로수를 처형하듯이 **살 맞은 밤**, 유성(流星)이 쌓입니다. 유성의 목소리가 쌓입니다. 재가 쌓입니다. 어쩔 수 없습니다. 전설의 옥수수밭은 너무 멀리 있습니다. 재의 잡담이 들립니다.

---

* ' '안의 것은 R. B와 M. K의 것임.

쇼스타코비치

    추풍령 지날 때쯤 선회하는 새의 무리를 본다. **왈츠**. 주말마다 왜관에서 **열차** 타고 집엘 간다. 나는 의자에 누운 듯 기대어 느긋하게 배호를 듣는다. (자나 깨나 내가 배호 노래만 줄기차게 틀어대니까) 아내는 못마땅해서 소리 좀 줄이라고 성화다. 노랫소리가 꼬리를 내리자 아내가 한 마디 얹는다. "나하고 당신, 불과 몇 개월 차이인데 좋아하는 음악, 아니 노래는 **열추** 한 세대 이상 차이가 나는 것 같아요." 그도 그럴 것이 나와 아내는 자란 곳이 다르고, 그대가 서울에서 팝송에 젖을 무렵 나는 나무를 하면서 동네 형들에게 배호를 배웠으니까. 어떤 음악, 어떤 말은 안개가 걷히지 않는다. 누가 그랬더라, '**음악은 시의 자매이고, 그녀의 어머니는 슬픔이다!**'라고. 가만히 들여다보면, 우리는 각자 슬픔의 배경이 다르고, 무엇보다도 슬퍼지려는 눈물 맺힘의 온도가 서로 다르기 때문에 그럴 것이다. 아내의 절정은 쇼스타코비치다. 아내의 음악을 쫓아간다. 쇼스타코비치를 따라간다. **괄축(适逐)**, 슬픔은 취향을 따르고 취향은 삶을 쫓는다. **왈츠**. 깊은 슬픔! 그 깊은 우물에 닿으려고 추풍령의 새들은 오늘도 선회를 하는 것일까.

장래희망

괴로웠지만, 책은 읽었다.

부엌을 더 많이 비추는
등 하나,

새벽이 다 돼서야
여럿이 모로 누운
그을리고 끈적거리는 방의
스위치를 내렸다.
가난했지만 책은 읽었다.

그래서!?
그래서 지금은?

더 가난하고 더 괴로워졌다.

예백(曳白)

삼척의 남쪽
바닷가에 머문 지 스무하루 만에
겨우
바다에 대해 생각하게 되었다

시상을 적은 노트 두 권 밑에
서른 권의 책

쌓인 저녁의 감성,
그것으로 이른 아침을 볼 수 있을까

도래할 책, 로르카, 뒤메질, 리앙치차오(梁啓超), **일방통행로**,
러시아 형식주의

펼쳤다가 접었다가
덮었다가 열었다가

두 번 살기 위하여!

한 달 남짓 지났을 무렵
돌아가라, 돌아가라고 파도가 정강이를 후려쳤다

염지(染指)

새벽의 녹나무가 녹고 있다
그러니까 뇌우가 밤새 놀다 갔다는 것이지

아내랑 바람 쐬자고 나선
다저녁 무렵, 비가 내리는 건지 그친 건지
하늘만 올려다보다 도무지 알 수 없어
뒤돌아보니
암록(暗綠)의 나무들이 팔을 뻗고, 서 있다
그제야 가는 빗줄기가 보이는 거였다

'질문을 던지는 나무'들

욕심이 지나쳐 손가락을 물들일 때가 있다

백거이(白居易)가 그랬던가,
"창밖에 밤비 내리는 줄 내 어찌 알았겠노,
그기야 파초 잎이 비 듣는 소릴 먼저 내는 바람에."

처락(妻落)

 백 살이나 된 사람의 삶이, 새해 첫날 아침 TV를 통해 방송되고 있었다. 식탁 앞에서 아내가 "반성하게 되네요, 난 벌써 이 나이에 삶이 지루하다고 생각하는데, 지겹다는 생각을 반성하게 되네요. 그러나 남들보다 오래 산다는 것은 참 쓸쓸한 일 아녜요?" 비애의 대상이 돼버린 '백세 인생'—나머지 삶을 향한 **아내의 낙담**을 반성하게 하는 저 철학자의 나이—란 도무지 엄살이라곤 없는 느긋함, 절망이 끼어들지 못한 탄탄대로의 강렬함이 아니고 무엇이란 말인가. 느릿느릿 삼 년 내내 읽었던 책의 한 줄이 내 귀를 잡아당긴다. "나이는 내가 필멸의 존재라는 사실을 분명히 말해 줍니다."

개울을 씹어 삼키고

개울 얼다
흰 돌 드러나다

앙금 위로 말갛게
겹겹 드리운 갈매나무 꼿꼿하다

김개남(金開南)
개울을 씹어 삼키고
눈 속에 있는 사람

얼음 위에서 쟁기질

맑다
물말이 저녁밥

제2부

출두명령서

볼트라는 괴로움에 체결되어 있는 나라는 너트
선로에서 내려서지 못하고 용산에서 천안, 다시 천안에서 용산
문질러대고만 있는 전철처럼
거무죽죽한 레일의 침목처럼
비약이라곤 (도무지) 없는 삶,

죽을 때 단 한 번만이라도 (짓무른) 여름의 삶 물들였으면 한다
누가 지켜보지 않더라도 나, 풀어져 버렸으면 한다
조이고 있는 생 풀어져라, 생을 낭비하고 있는 나여
죽기도 전에 실실 죽어가고 있는 뻔뻔한 나여,

뻔뻔한 나사여, 혼자 굴러다니는
뻔뻔한 나사에 다름 아닌 나여,

진흙과 모래

이혼

신(신발)의 입장에서 보자면
진흙은 소송에 가깝고 모래는 합의할 수 있다
(보라! 진흙은 할 말이 많고, 모래는 침묵한다)

비밀

(그래서) 델리아 오언스는 이렇게 말한다
"모래는 진흙보다 비밀을 잘 지킨다."

탁선(託宣)

 기억하려는 자는 진흙을 온몸에 바르고 촉촉한 어둠을 기다린다
 망각의 초입에 든 자는 모래를 뿌리며 자신을 작고, 부드럽고, 둥글게 한다

인식(자국)

모래가 씹히는 서울은 (가까이) 불을 밝혀도 흐려지고
진흙으로 둘러싸인 고향은 테두리를 선명하게 드러낸다

궁합

'마름'에 입 맞추며 모래는 화촉(樺燭)의 밤을 즐긴다
　진흙은 '젖음'이라는 신부를 찾아 삼수갑산(三水甲山)이라도 헤맬 태세다

오라클

　지하에서 솟아오른 '기억의 의자'를 붙잡아 매는 것은 진흙이다 (끈적끈적하다)
　바다를 적시며 모래가 망각의 백사장을 깔고 있다, 물은 모조리 빠져나간다

감정도덕

강어귀에서 둘은 헤어진다
개펄로 사막으로, (엉덩이를 보여주고) 경멸 'Le Mépris'을 품은 채

빈틈없는 임무

꿀은 모래 속에,
진흙 속에는 깨가 있다

고유명사

그는 지금 「비올라」라는 시를 제작하면서 과거의 시적 대상들— 옥양목, 초승달—을 미화하려 한다거나, 자신의 아내를 애틋하게 그리워하는 척하면서 메마른 사랑에 대한 회한을 드러내려는 것은 아니다. <u>이름에 남아 있는 탄식, 목소리나 향기와 같이</u>, **이름들은 고뇌의 종착점**이라는 것을 강조하려는 것이다. 그것은 되돌아오지 않는다. 붙어 있다가 떨어져 나간다. 치매에 걸리면 이름이나 고유명사를 먼저 잊어버리고, 차례차례 보통명사, 형용사, 부사를 잊어버리고, 동사는 끝까지 잊어버리지 않는다는 **고형성**(固形性)을 그는 전환시키려 한다. 가장 커다란 욕망이 가장 먼저 죽다니! 소나무 가지에서 눈이 뭉텅이째 뛰어내린다. 이름이 사라지면 고뇌도 사라진다. 휘지비지(諱之秘之)! 어긋나게 말하고 감추려 한다. 병원 진찰실 앞에서 간호사가 이름을 대라고 하면 그는 저항한다. 진료카드에 찍힌 번호를 보여주며 이름을 닫는다. 그는 프로야구 감독의 이름이 자기 아버지의 이름과 같다는 이유로 그 팀의 경기를 중계하는 방송 채널을 자주 다른 데로 돌린다. 앵커가 수시로 호명(呼名)을 일삼기 때문이다. 양명(揚名)은 탄식이다. 간직하려는 자에게 그것은 은총이 아니다.

모리스 블랑쇼에서 모리스 블랑쇼로

출현한 모든 시는 유물(遺物)이다. —오동나무 상자에 갇혀 있던 20년 전 나의 메모가 나타났다.

헛발

신생(新生)은 없다. 신생은 작가의 머릿속이나 가슴에 있을 때뿐이지. 태어나자마자 죽는 것이 시다. 그러니 개나 소나 다 시인이고, 그들은 모두 에이스다. (참고로 "모든 시는 다 실험시다."라고 말한 시인은 월리스 스티븐스다.) 시인은 다 에이스다. 그것도 스페이드의 에이스다. *as de pique*. 후줄근하고 꾀죄죄하더라도 어느 집 가문보다도 자랑스러운 에이스다. **날짐승의 항문**은 잘 보이지 않는다. 그것이 날고 있을 때는 더욱 그렇다. 그런 측면에서는 유물도 매한가지다. 그와는 정반대로 유물은 파헤쳐져야만 드러나는 존재다.

불의 몫

절집의 기왓장 쪼가리를 주워 들고, 만 번을 도는 물길 청계(青谿)에 담갔다가 손수건으로 그걸 닦는 사람들 한 무더기, 갈대 그림자가 나타났다 사라지는 청계(清溪)를 지나 살

구꽃 늘어선 언덕 아래로 가서 천년만년 유행가를 합창하는 이들이여, 스페이드 에이스들이여!

도래할 책

유물은 귀하면 지폐인 양 대접하지만, 흔하면 짱돌 취급이다. 그걸 결정하는 것은 국립박물관이다. 관람객이 아니다. 시인들은 유물을 들고 오늘도 땅을 판다. 그것을 묻어두려고, 수초가 넘실대는 물결에 이리저리 떠다니듯이 머리채를 광풍에 맡긴 채 돌무덤을 만든다.

어스앙카

인간의 현대적 정서의 고삐는 마이크로 대체되었다. '시는 형이상학이 아니다. 시는 무엇보다도 먼저 노래다.'에 근거하여 노래방을 **응원**하는 것은 시인들이다. 인간의 고삐가 자연 속에 있었을 때는 시냇물과 골짜기의 메아리가 그것을 잡고 흔들어 댔다. 자연으로 향하는 통로가 막혔을 때 구두약을 바른 길들이 있었고, 그 위에서 방황하던 노래는 지하의 삶을 시작했다. 지하에서 마이크는 절대적 정서가 되었으며, 노래란 노래는 마이크에 둘러싸였다. 「나쁜 사람들은 노래를 부르지 않는다」에 근거하여 노래방을 **구원**하는 것은 선한 사람들이다. 그들은 송두리째 삶을 포기했다가도 노래를 직접 몸으로 살기도 하는데 지하적인 삶의 파내기, 어스앙카, 착암(鑿巖)이란 노래를 단단하게 하려는 끊임없는 단련이다. 그것은 층계 같은 것이다. 더 깊이 내려가기 위한! 진흙을 찍어 누르듯 자신의 목소리를 불로 달궈 수천 개의 노래 위에 찍어 누른다면 월인천강(月印千江)쯤이야 가볍게 넘어서는 게 아니겠는가! 오늘날 잘못 해석되어 전해진 것 중의 하나인 '…… 독일인은 신도 노래를 부른다고 생각하기까지 한다.'에 근거하여 노래방을 **후원**하는 것은 독일인이다. 흙막이 가시설(假施設)을 거드는 니체라니!

물속을 흘러가는

　배춧속은 배추에게는 깊이 내려간 지하다. 인간에게 인간의 지하는 마음, 마음속이다. 물속, 훤히 들여다보이는 물한테 물의 속은 캄캄한 지하다. **닫힌 물속을 흘러가는 배 같다**고 자신을 밝힌 시인은 폴 엘뤼아르지만, 그것은 절망 속에서 건져 올린 것이기에 물고기가 믿음으로 얻은 응집의 물살과는 다른 것이다. 죽음은 좁은 통로를 지나가는 과즙이려니! 씨앗을 매달고 꽃은 지하에서 더욱 빛난다. 채굴장 갱도의 간드레 불빛처럼. 금속식물은 꽃필 때 소리를 뱉어낸다. 지하가 내뿜는 재채기! 죽음의 성채를 보듬으려는 경련, 떨림 속에 깊숙이 박혀 있는 재채기의 씨앗, 삶이 용해된 돌.

구절초

잿더미 속에 꿀이 있다
입속에는 모래

남몰래 써서 보낸 한 줄 편지는
흘러내리는 꿀
해조음을 등에 업고
주고받던 몇 마디의 말
돌아서면 귀에서 모래가 쏟아졌다

줄과 마디가 '뼈저림'이란 걸
너무 늦게 알았다
현(絃)이 분주한 저녁은
우는 깃들의 가슬추연(加膝墜淵)
늘어진 능수버들
휘감은 채 말라가는 도랑물
바람에 모가지를 맡기고
낭창거리는 구절초
'쓰라림'은 현

단옷날 다섯 마디의 설렘이
구중(九重)에 아홉 마디 쓰라림으로 자라서 변하는 게 사랑이라며
'쓰라림'이 빼곡한 가을에
낙수(落穗)야 속출하는 거라며
향기는 놓쳤어도 사랑은 묶어야겠다며
천산(千山)을 혼자 가는 게 인생이고
만 개 연못물을 부들부들
씹어 삼키는 게 사랑이라며

손아귀에는 자루 없는 호미
마당엔 죽은 고욤나무

부표

달과 묘지 그리고 새

하나는 하늘에,
또 하나는 땅에,
그 사이에 나머지 하나

수평선을 끄집어 올려 잽싸게 친
팽팽한 줄 위로 가마우지 한 마리
날개를 펴자마자 오므려
먹빛 산을 만들고 있다
부표란 게 그렇다

모가지도 그렇다, 인간의

모가지로는 뉘우칠 일인데도 몰두한다
높아지려는 자, 부표 따위 아랑곳하지 않는다
항룡(亢龍),
부표를 가린 모가지를 가마우지가 누르고 있다

호구

처음 가는 이 길은 호랑나비 춤을 추는 길, 설레었다. 설레는 가슴은 보라색 꿈을 안고, 처음 가는 이 길이 정답기는 했지만, 그 길목에서 호의와 호구는 한 끗발 차이로 갈렸다. 반복하는 호의는 호의로써의 빛을 상실한다. 그래서 '상실의 시대'에는 호구들이 많았다. 자꾸 잃어버렸다. 무엇인지 모를 그것을 다 잃고 난 뒤 나는 호기롭다와 호의 사이에서 오락가락하는 호구가 되어 있었다. 그때 비로소 아, 〈한국문학사〉가 떠올랐다. 호의가 호구가 되는 순간 〈한국문학사〉는 비옥해진다. **정치** 얘기가 아니잖은가!

늦은 조문

노을이
푸른 산을 적시네

물든 산 이지러진 곳
당신이 두고 간 슬픔

'화잔(花殘)'

할 말이 있었는데
무릎 아래

꽃이 지네
할 말을 잃네

빗방울
추녀 끝에 늘어서네

지난봄 다들

벚꽃에 파묻혀 죽고

늦은 조문

강물은 불고
국향(菊香)을 두른 이는 멀리 있네

가을 초입인데, 벌써
매화등심을 걱정하는 당신

추운 옷소매

좌귀음(左歸飮)

소나기가 씻긴
개울에 잠겼다가 배 뒤집는 여름
웃자란 물소리

한바탕 비의 곗날 지나가고
매미들이 앞다투어
개울에 보태는 진음(震音)

차다

아리다,
돌 틈을 비집고
풀섶으로 기어드는 한사(寒邪)

제5공화국의 샘은
아직까지도 마르지 않아
광주 상류 어디쯤에서
떠내려오는 **쓰라림**,

노란 꽃 이고
나무는 산수유나무

겨울 한복판 빨갛게
쓰라림을 주렁주렁 매달고
나무는 돌대추나무

죽어 그릇에 매화등심

> 서로 으르렁대며 집어던진 어제의 그릇이
> 그다음 날은 음식이 담겨져
> 마루 끝에 놓였다. —죽어 그릇,

어제의 원한으로 (오늘) 피는 게 아니랍니다. 꽃피는 나무들은 상처를 수관으로 싸매고 삽니다.

청주여자교도소 근처, 흐린 달밤에 나무는 흑심을 품은 가지에 꽃을 수놓고 있었습니다.

교도관이 (늦은 밤에) 출근하는 흙길, 우리는 사월의 초록을 밟으며 귀를 적시기 시작했습니다.

나무에 맺힌 희붉은 핏방울이 소매를 타고 번지는 줄도 몰랐습니다, 교도소 담 너머 그곳의 밤을 모르듯이.

(여자교도소의) 밤은 작은 소리들로 '야시장'을 엽니다.

── 내가 왜 그 새낄 찔렀게요, 봄엔 매화만 흐드러지는 게 아니에요, 흑심도 같이 만발하죠, 밤이 모자라죠.

── 달밤은 달빛만 보내는 게 아니에요. 칼을 예리하게 만들어주죠. 괴로움이 어떤 것인가!는 그다음이죠.

나에게 보라싸리를 알려준 시인 J가 알려준 청주여자교도소 옆 매화밭 —— 물고기를 그려 넣은 죽(竹)그릇 같은 밭 —— 에서 우리는 다시 꽃피는 어둠을 기다렸습니다.

—— 꽃이 피면 그게 곧 '**쓰라림**'이죠.
—— 다짐할 때는 계절이 따로 없다고들 하지만, 사랑 —— **실패의 이삭**이 패더라도 다시 시작해야죠.

매화를 물고 있던 개울이 향주머니를 터트리면서 흥얼거리듯이 사람은 쓰라림이 아물기도 전에 다시 사랑을 시작합니다.

금융통화위원회

바람이 분다 태극기가 큰 부채 같다

아파트 난간을 붙들고 집집마다 나부끼는 부채

바람에 울부짖다, 비에 젖을 대로 젖은 리어카

들러붙는 폐지, 짓뭉개지는 것과 한껏 짓뭉개는 것이 있다

정육점 네온간판에서 핏물 흘러내리는 불빛을 따라

반죽의 기술자들이 하나둘 진흙을 아스팔트에 문지르고 있다

가파른 언덕을 향해 뒹구는 살 빠진 비닐우산

임박한 듯이 빗줄기가 바람을 모는 일방통행로

깜빡거리는 고양이의 눈

제3부

등급

첫째로 천박한 시인이 있다. : **3C**, 둘째로 깊은 시인 —— 대상의 깊은 곳으로 들어가는 사람들 —— 이 있다. : **2B**, 셋째로 철저한 시인이 있다. 그들은 대상의 근본을 찾아 살린다. —— 이것은 단지 대상의 깊은 곳으로 내려가는 것보다 훨씬 커다란 가치가 있다! : **1A**, 마지막으로 머리가 진흙탕 속에 박혀 있는 시인이 있다. 그러나 이것은 깊음의 표시도, 철두철미함의 표시도 아니다! 그들은 사랑스러운 지하의 것이다. : **1++A**

비보호좌회전

시를 향유하기 위하여
우리는 시를 더욱더 멀리해야만 한다.

지친 자들이여,
마음 들볶인 자들이여
수계(水界)가 다른 습지를 머리맡에 두라.

식도 1

I

The Interpretation of Dreams II- 1930, René Magritte

II

희디흰 달걀을 삶아서 물에 담근다. 떠내려가다가 어디쯤 구릉, 아카시꽃이 핀다. : **開白**개백

저녁은 검은 구두를 신고 나간다. 곧장 보름달에게 달려간다. : **奔月**분월

중절모는 그리움을 걸고 있다. 중절모를 쓰면 어김없이 눈이 쏟아진다. : **戴雪**대설

촛불은 밤하늘이 있는 광장을 꿈꾼다. 촛불은 태양 아래에서는 결코 연대하지 않는다. 갇혀 있을 때는 천장을 향한다. 천장에 음부가 매달려 있다고 굳게 믿기에. : **南天燭**남천촉

찻잔 속의 것은 헛소동, 유리컵은 다르다. 폭풍은 유리를 찾아간다. : **傾盆大雨**경분대우

망치질은 철학을 만드는 한 방식이다. 낙타의 삶은 사막을 전제한다. 망치는 그것을 두드려 박고 뽑아낸다. : 破8파팔

식도 2

I

The Interpretation of Dreams III- 1935, René Magritte

II

말의 등이 넘실거린다. 갈기에 가려진 마음을 그대 쪽으로 빨리 돌리려면 먼저 마음의 문을 열어야만 한다. : **馳結**치결

바람과 세월은 시간 앞으로 간다. 나간다. 뒤돌아보지 않고 바람은 계절을 재고 세월은 나이를 잰다. : **計月**계월

꽃병이든 물병이든 비어 있어야 채울 수 있다. 낢으로써 새는 허공을 채운다. 비어 있지 않다면 새와 병은 쓸모없음에 갇힌다. : **虛室生白**허실생백

본색은 이젤박스에 갇혀 있다. 아무리 짧은 여행이라도, 여행을 다니면 모르던 색깔을 얻는다. : **舼權**발권

식도 3

I

The Interpretation of Dreams I (La clef des songes)-1927, René Magritte

II

 가방은 어디론가 떠나야 한다. 누가 가방 속에 흰 사슴을 집어넣었기 때문이다. 하늘을 내달리며 가방은 사슴을 부린다. : 走天주천

군인의 칼은 날개가 있다. 진퇴를 위해서는 접었다가 폈다가 해야 한다. 새는 군사우편을 물고 전선 소식을 나른다. : 飛刀비도

옛날에 테이블은 나무들, 나뭇잎에서 출발했다. 지금도 입이 없는 사람들은 가문비 탁자에 사랑을 새긴다. 나뭇잎은 탁자를 통해서 향수를 지닌다. : 葉生섭생

수국이 핀다. 물이 몰려든다. 스펀지로 물이 몰려간다. 꽃이란 꽃 다 빨아들이는 사랑, 해면(海綿)에 신 포도주를 적셔라. : 吸花흡화

9

어둠을 할퀸 자들은 새벽을 믿는다.
더듬지 않는다.
버드나무를 믿는 자들은 소나무를 믿는다.

단풍 드는
풍열 따위야
녹사불택음(鹿死不擇蔭)
사슴에게 맡기고

새를 놓고
난초를 놓고

국어 산수 사회 자연

돌려말하는법이없는 돌
인간에게서기만(欺瞞)을싣는걸배운 배
낫을들고덤벼드는인간을나무라지않는 나무
쌀쌀맞지만달콤하고잘달여진 달

인간의얼굴만이얼룩져있다

납품
— 업자(業子)가 왔어요

녹지 않는 꿀 덩어리 떠 있는 밤
업자가 왔어요
업자는 내 주머니마다 명함을 꽂고
나는 녹슨 거래처라는 거지요
주름을 잡으면서, 사실 업자는 주름의 여행자
내 생활을 접었다 폈다 한답니다
푸른 꿀 덩어리 떠 있는 밤, 업자가 왔어요

여행지의 소식은 제품에 반영되고
나는 낡은 카탈로그라는 거지요
업자가 말했어요 귀를 털며
의자도 공구도 심지어 내가 기르던 개도
업자의 귀를 향해 뜨는 거예요
하기야 여행자에게 귀가 없다면
누구인들 목관의 송진내와 맴도는 트럼펫 소리를
제대로 들을 수 있겠어요
업자는 첨단의 여행자랍니다
업자의 귀는 입보다 크고 바쁘지요

마주 앉으면 귀가 뾰족해져요

만삭의 꿀 덩어리 떠 있는 밤, 업자가 왔어요

업자는 내 구두에 모래를 밀어 넣고

나는 다 젖은 저녁이 되는 거지요

업자는 음향의 여행자

밤으로 뻗은 내 귀를 붙였다 떼었다 한답니다

이수(螭首)

여름 한복판이다

뻐꾸기 골짜기를 물고 지나가다

청계산 줄기 밑에서 힘겨워 울다

그 덕에 목왕리(木旺里)는 나무로 빽빽하다

구름이 빗돌에 교룡(蛟龍)을 새기다

서로 얽힌 반룡(蟠龍)들, 소북이냐 대북이냐

벼루에 갇힌 세월 뒤틀다

돌무더기 치솟아 하늘을 찢다

이마에 푸른 물방울 튀다

수리(袖裏)

어떤 울음이

안자락에서 만져진다

소매를 턴다, 노루귀 솟고

화지결처(花枝缺處)의 기슭으로 뻗은 길

끝끝내 흐릿하다

옷소매를 걷어붙이자

꽃 귀때기 떨어진다

수마석(水磨石)을 옮기던 날파람도

주저앉아 울음을 싸맨다

밀설(密說)

말은
간결하고 차가운
만국의 서정성
한 모의 물

눈이 올 때
한퇴지투서처(韓退之投書處)
반짝이는

트란스트뢰메르(Tomas Tranströmer) 선생의 은그릇

쨍그랑

달리는 말의 뒤를 쫓으며
사방으로 흩어지는
은배(銀杯)

얼음은 말의 자물쇠

언어의 결실

나무들, 너무 마르면
바람을 견디지 못한다

다이어트 요란한 겨울 처녀들
허리[腰] 왕창 으깨진다

부러진 뒤에야 서뤌(雪月)은 할퀸다
고양이의 뺨[䐑]

줄줄 향(膷)이 떨어지는 치자(膪膪) 항아리

나뒹군다
겨드랑이[腋]가 깨진
밤의 소녀들

연지(臙脂) 몽롱(朦朧)한 입술[脃]

피가 마르는 무릎[膝]

근육

〈근육〉이라는 술집에 모여 시인들은 말한다. "매일 열심히 걷고 있어요." 자신감을 드러낸다. 이 말은 "매일 열심히 쓰고 있어요."인 것이다. 지구력과 신진대사의 촉진만으로 시라는 것이 활기차질까! "매일 **새로운 생각**을 하고 있어요."라고 말하는 시인은 드물다. 사유의 장딴지, 활배근 그리고 이두박근 —— 그 말들은 이런 것을 내포한다. 시의 파워는 시인의 근육에서 나온다. 여러 근육 가운데 '정신'이란 근육은 쓰기라는 운동이 아니라 **저항과 반성**의 단련을 거쳐야 생긴다. 시로 평생 늙은 사람에게 기교는 멀리 있는 '열 자식'이고 (인식의 땔감인) 언어는 '**스무 개의 치아**'다. 이 말을 되새김질하면 이런 것을 뜻한다. 시의 효자는 기교가 아니라 새로운 인식 —— **씹는 즐거움** —— 의 바탕인 언어군(群) —— 이다. 이 말은 다음의 말을 담보로 한다. 인생 후반이 그렇듯이, 시도 '씹는 힘'으로 버텨야 한다. 시의 늘그막을 받치는 힘은 근육에서 나온다. 걷는 것만으로는 근육이 줄어드는 걸 막지 못한다는 것을 세계예술사는 증거하고 있다. 술집을 나설 때 보라! 그들의 말은 (등 근력을 잃어) 구부정하고 사레까지 걸려 (독자를 휘어잡는) '쥐는 힘[握力]'을 상실한 지 오래다. 근육은 시의 당화혈색소

―― 감상혈색소를 잘 조절하도록 도와준다는 사실에 고무되어 나는 오늘도 뒤로 걷고 앞으로 달린다.

중국발 미세먼지

기차로 퇴근하는데, 앞좌석에 앉은 인간이 더럽게 계속 대가리를 긁고 있다. 거기다가 왼손가락 두 개를 집게 모양으로 한 다음 머리털 한 올 한 올을 비벼대고 있다. 영등포역에서 수원역까지 비듬과 엿기름이 나오는 그 짓을 멈추지 않고 있다. 씻지 않거나 감지 않는 인간은 나쁜 공기다. '날씨가 (그렇듯, 공기가) 매우 이상하고 믿을 수 없으면 인간도 서로 신용하지 않게 된다. 인간은 게다가 (신경질적인 상태를 넘어) 개혁 취향으로 된다.' 모든 지방의 공기가 도덕적인 시대는 끝났다고 보면 되겠지만, 습관을 벗어나려면 인간은 꿀을 버리고 모래를 씹어야만 한다.

화가를 향한 대처

 죽음은 삶의 본질이다. 죽음이 없다면 삶은 완성되지 않는다. 계속해서 산다는 것은 계속 걷는다는 것이고, 계속해서 걷는 사람은 목적지에 도착하지 않은 것이다. 정거장 같은 거, 벤치 같은 것은 없다. 삶과 죽음 사이엔 그 어떤 것도 존재하지 않는다. Clairvoyance라는 붓이 있다. 알을 보고 새를 그리던 화가가 있었듯이 삶을 보고 죽음을 그리는 이가 있다. 알의 세계는 새의 세계를 모른다. 알의 세계에서 새의 세계를 안다는 것은 인간의 입장이다. 삶의 세계는 죽음의 세계를 모른다. 두 세계를 동시에 안다는 것은 신의 입장이다. 두 세계를 동시에 뭉그러뜨리는 것은 덧칠이다. 철학자는 덧칠을 즐긴다. 새를 끊임없이 보여주려고 날개를 그리고 죽음을 적극적으로 보여주려고 밤의 북쪽을 그린다. 그렇다면 화가를 향한 우리들의 최상의 대처는 어떤 것이어야 할까. 모름지기 그 대처의 최고봉은 눈을 뽑아버리는 것일 게다.

제비 날개

식물적인 석탄의 솜털과 이끼로 덮인 기둥들,

나무 : 구두약을 발라주면, 구두약으로 크는 열매를 매달고 팽창하는

납 길 : 둔덕과 연추(鉛錘)의 긴 하룻밤, 흰빛을 낳는

말 : 목에는 종려나무가 있고, 목에는 두루미가 있고, 목에는 수렵 —— 짐승을 사냥한 짐승의 머리가 있고

지평선 위의 마을 : 자루에서 흑요석(黑曜石) 번데기로 견딘 씨앗을 뿌리려는

구름 : 갑작스러운 덩어리, 하늘의 질문

제4부

문이추(文而醜)

　시에 돌 하나 놓아드리고 싶습니다. 시가 대나무를 닮았으니 그 곁에 야윈 돌을 놓겠습니다. 못생겼습니다. 뭉툭하지만 멀리 두 봉우리, 산이 있고 단단한 평지를 한참 지나면 물줄기 선명하게 떨어지는 낭떠러지도 있습니다. 흰 내림이 저고리 고름 같습니다. 대나무는 대나무끼리 얽매이지 않고 즐거워합니다. 바위는 아무래도 미불(米芾)이 아니라 석중(石重)을 지기로 삼은 게 분명합니다. 그렇지 않고서야 어찌 시가 수사의 화려함 없이도 눈부시고, 검은데 환할 수 있겠습니까. 바람 불어 눈에 스치면 산초 열매인 듯 얼얼합니다. 무릎 낮춰 사철 풀꽃을 찾아 나서서인가요, 외로움이 맑음을 얻은 탓에 정신은 싸리채인 양 꼬장꼬장합니다. 그런 시에 여기 못생긴 돌 하나 놓아도 되겠습니까.

피케(piqué)

무릎에, 봄을 엎지른 무릎에

노트북을 올려놓고 '**엄나무 피케**'
나는 며칠째 시를 쓰지만 완성하지 못하고 그사이
아내는 이 천 저 천 모아 잇고 누벼,
가방을 두 개나 만들어 벌써 나갈 준비를 하네
쓸모없던 천이 활기를 띠고

쓸모 있을 것처럼 요란하던 말들은 기력을 잃네
시 쓰기, 참으로 허망한 짓이네
'**쓸모없음의 쓸모**'란 강조도 다 헛것이네
봄이 다 가도록
괴강(槐江)의 빈 배는 묶여 있네

하찮아 보여도 잇고 누비지 않는 삶이란
부끄러운 시
딱히 애처롭지도 쓸쓸하지도 않네

잡지의 이 골목 저 골목, 누비고 다녀도
볼품없는 시
답춘(踏春)이 허전하다는 건
꽃을 밟지 않아도 알게 되네
어느새 아내는 돌아와 새 모자를 만드네
엄나무 마른 가지 새순이 돋네

무릎에, 봄이 물든 무릎에

한식

이마가 마른다. 바람은 급하고 느릅나무 잎이 솟구친다. 물에 찬밥을 만다. 누구에게서 사랑을 구하나. 느릅나무는 느릅나무만 생각한다. 숙련한 삶으로 사랑을 이겨낼 수 없다니! 혼자 찬밥을 물에 만다. 사는 일에 그렇게 익숙하나 사랑에는 서툴고, 사랑은 늘 실패한다. 불을 지폈으나 그 불로 사랑을 태우진 못했다. 불이 무슨 소용인가, 차라리 불을 끄고 끙끙 차가운데 앉아 사랑을 고친다. 사랑하는 사람들에게 던지는 말의 '서투름'을 낫게 해보려고. 흰 물로 밥을 만다. 느릅나무 이마가 마른다.

가산(佳山)

  나무는 불의 모계에 관여한다. 장가 못 든 자식이 모시고 사는 한 여인은 나의 외사촌 형수, 신탄진 셋째 고모 아들이에요 저 모르시겠어요? 삭정이 다 태우고 재만 앞가슴에 수북한 형수, 옥천 안내(安內)에서 한참 울다가 불두화가 핀 나무에게서 차래(借來)한 것이 고작 흰 불이 담긴 접시, 이것이 수국 아니냐? 혹시 목수국이냐고 나는 물었다. 이십여 년 전에 돌아가신 외사촌 형의 막내아들과 같이 곁불을 쬐면서.

  불두화라고 부르면 무겁고, 화로에 꽂아놓은 인두 같고, 목수국 그러면 꽃밭에 먹줄을 놓고 대패질로 꽃잎을 깎는, 솜맥이 목수였던 외사촌 형이 생각났다. 가산천(佳山川)을 따라 밤을 끈 바람이 꽃잎을, 꽃잎 위를 달리며 물비늘을 새기던 날이었다.

갱물

'인지 생략'이라고 적힌 책 하나가 마당에서 나뒹굽니다. 쑥밭머리 서쪽 울타리 너머 우물은 들여다본 지 오래되었습니다. 우물은 차오르지 않는데 이 나라에 서정시는 넘칠 만큼 많습니다. 아버지도 어머니도 넘칠 만큼 있습니다.

넘칠 때 섞인 액운(阨運)과 북어(北魚), 신문지와 김대중 보자기에 싸인 초상화를 세웁니다. 누가 그렸는지 알 수 없는, 음력 유월 단 하루 빛을 보는 영정 속 아버지를 끄집어내어 옆에 앉히고 미루나무 어두워지는 충주를 갑니다.

충주에 갑니다. 젖은 버스에 앉아 달리고 있는 나무를 창밖으로 내다보면, 나무가 된 장롱이 그리워집니다. 서리를 얹은 어머니의 손이 식혜를 만들던 밤은, 단물이 흘러 어린 쥐똥나무 말똥말똥 눈자위 까매지던 밤은, 패였습니다.

패인 봄, 가지를 꺾는 봄, 땅에 꽂아보지만 사시나무 닮은 가계(家系), 장롱 위에 사진 한 장 먼지를 뒤집어쓴 채 우는 걸 몰랐습니다. 창경원의 가족사진입니다. 아버지는 지팡이, 어머니는 흰옷, 아내는 어린 아들을 안고 있습니다.

  안고 갑니다, 아버지를. 젖은 버스, 소리 없이 찢어지는 책의 한 페이지처럼 문이 열립니다, 북향공원묘지에 들러 결심한 날입니다. 아버지를 뜯어내 버립니다. 딸에게 귀띔도 하지 않고 장롱을, 아버지를 목수울 안개 속에 던집니다.

금록(琴綠)

아버지가 그러셨다.

저기 푸른 산은 숨은 물이고, 북쪽으로 난 풀은 가을에 가려지지 않는구나. 괴산의 담바우, 나는 아버지의 받침대가 되지 못했다. 가을이 다 가도록 아버지는 숨지도 못하고 그 무엇에도 가려지지 않았다. 이북5도민 달빛행사가 있던 날, 아버지는 옥수숫대를 뽑고 있었다. 칡, 오소리, 알 길 없는 새소리, 그것들과 같이 나는 당원을 푼 잿빛 주전자의 미지근한 물을 들이켜며 낯을 잘 받지 않기로 이름난 오리나무와 한나절 씨름을 했다. 병풍산 목덜미로 넘어가던 해가 아버지 발목을 오지게 걸었다.

어떤 것들은 날아간다.

'숨은 물'과 '무성한 풀', 책 속의 유골단지가 그랬다. 유난히도 덥던 그해 추석, 개울을 엇돌며 물 끼얹은 여자들의 희뿌연 몸의 금록(琴綠)을 눈에 넣고 나는 밤마다 책의 중간쯤 날아가는 것을 따라갔다. 비멸(飛滅)— 괴산에서 충주로 날아가던 유골단지! 아버지가 그러셨다. 조금씩 아주 조금씩 북쪽으로 가보는 거다, 새를 따라서. 새가 앉았던 나뭇가지를 함부로

꺾지 말거라. 가끔 바람을 앞세운 구름이 금록을 거기에 걸고 있었다. 백근이 나무들도 녹이(綠耳)가 부럽지 않다는 듯 북으로 머리채를 내던지고 있었다.

전루(田漏)

흰옷 입은 사람들 길게 한 줄로

앞에는 북을 놓고
뒤에는 징을 두고
두드린다

깨어나라 두둑
일어나라
두렁

저 멀리, 매화가 터진다

대상포진

구름이 짓이겼을 장미 돌담
눈 내리는 탄금(彈琴)에
깃털이 털린 책

가난했지만, 책은 읽었다.

책이라는 게 그렇다. 여름에는 쇠꼬챙이,
겨울엔 윗목 화로의 숯불 같았다.
불머리를 앓고
몇 장을 넘기면 인두로 지진 동정이
책갈피 속에 납작한 채로 들어앉아 있었다.
괴로움이 그렇듯이
얼어붙은 개울은 화끈거렸다.
아버지는 얼음을 깨고 가호적(假戶籍)을 했다.
면사무소 유리창이 박살 나고
인부들 이름이 적힌 치부책이 면서기 낯짝을 후려갈겼다.
아버지는 1·4후퇴 때 이미 찢긴 사람,

어머니는 봄만을 기다렸다.
억센 앞치마로 받아낸 홑잎나물 다듬듯
봄엔 왜 가랑비를 기다려야 하는지,
밀밭의 물결치는 언덕이 어떻게 생겨 먹었는지를
춘분에 비싼 도우(桃雨)를 만진
고운 손으로 짚어주었다.
두툼한 책의 맨 아래쪽으로
화전(火田)이라는 글자가 삐져나왔다.

하늘은 싯푸르고 구름은 다정했으나, 두릅은 돌밭 비탈에 수북했다.

풀로 붙여도 한번 찢어진 책은
뿌리가 성치 않은 감자, 말라붙은 샘에 지나지 않았다.
아버지는 자주 돌부리에 걸려 넘어졌다.
함흥의 쌀, 원산의 준치, 함주의 비단은
책에 한 번도 나오지 않는 고슴도치 어휘(語彙)
아버지는 실향 얘기엔 무릎을 꺾고, 심지어 눈시울을 들켰다.

늘 목련을 맨 앞에다 놓고 상찬했다.
꽃피는 북향, 목련이 나는 싫었다.

무겁고 깊은 것엔 흰 것이 와도
칠(漆)처럼 어둡다는 것을 알게 되었지만,
아버지의 우물에서 물을 길어 올리지 못했다.
차츰 나이가 들고 나는 명명(溟溟)에 시달렸다.
나는 우겼다. 가랑비가 와서 어두운 거다,
아니다, 그냥 아득한 거다.
아니다, 그건 바다다!

검은데 흰
아롱문항라 바다,
책에 있는 바다는 출렁거리지 않았다.

신개종도(神丐宗濤)

나는 꽃이 휘어지는 나무에게서 물감을 받았다.

—— 튤립이 아주 불꽃이구나.
—— 세 자루의 검! 같구나.

크레용을 잘 다루던 나는 몰래 수련장과 동아전과에 구멍을 내고, 철끈이 그리로 들어갔다 나갔다 하듯이, 신개종도를 끌어들여 매화검법(埋火劍法) 이십사 수를 수련했다.

—— 크레용보다는 낫을 더 잘 다루어야 하지 않겠니?
—— 터무니없는 꿈과 맹랑한 허무주의는 비탈에 올려놓을 필요가 있단다.

저녁이 어둠을 찔러 넣는 숲에서 나는 나무를 베며 일감을 늘렸다. 허기가 엄습했다. 꽃 대신 나는 빈 항아리에 돌을 채웠다. 튤립은 더 이상 자라지 않았다.

—— 한 번만 그릴 수 있는 튤립이라니! 그것은 튤립을 그

리지 않는다는 것과 마찬가지다.

 오랫동안 굶주린 아궁이, 바람이 겹칠수록 아가리를 벌리고, 수련한다는 건 여러 번 사는 것이고 튤립을 그린다는 건 한 번만 사는 것. '한 번만 산다는 것은 전혀 살지 않는다는 것과 마찬가지'다.

 나는 꽃피는 나무에게서 등잔불을 얻었다.

배나무를 베지 말아라

아버지는 북쪽을 보게 해달라고 했다
베지 말아라, 그래도 배나무는 베지 말아라
비료공장이 저만치 서 있고 거기
가물거리는 남한강이 들락날락
별스럽게 새 떼가 뒤덮여 가로 거칠지라도

목행(牧杏), 유명(遺命)처럼
북향의 진달래가 드문드문 피는 그곳
내가 13평짜리 공원묘지를 사 들고 온 날
아버지는 편시를 써두라고 하였다
성천강(城川江)은 잘 있겠지, 야윈 만세교를 더듬거려
꿈에 반룡산이 젖꼭지라도 내보이면 당장
치마대를 향해 비슥이 편지를 날릴 거라고 했다

내가 갈 때마다
아버지는 흥건히 젖은 채 나와 있다
땀이 마르는 북쪽으로 가부좌를 틀고
내가 가기만 하면 아버지는

죽은 게 아니고 살아 있다
베지 말아라, 배나무를 베지 말아라
귀를 이아이고

물 다음에 구름,
실향 다음에 아버지

북쪽에 살아 있을 셋째 형, 넷째 형
젖었거나 바짝 마른 누이들
까치발로 낯선 남쪽을 바라보고 있을까

물 다음에 구름,
자식 다음에 귀향

흑림천(黑林川)은
함흥을 빠져나가
푸렁 몸을 동해에 섞고 있을까

그들에게 아버지의 유언은 아직 도착하지 않았다

배나무를 베지 말아라
배나무를 베지 말아라

구름이 좀 끼면 어떠냐 휘어지면 어떠냐
펄럭이는 깃발처럼 아버지는
북쪽, 하늘이라도 보게 해달라고 했다

가족주의 가구

이사를 할 때는 부지런해진다. 가구점을 여기저기 기웃댄다. 새로 들여놓은 가구는 냄새를 풍기며 으쓱대지만, 집에서 가구는 한 번도 완성되지 않았다. 가구 앞에서 윷놀이를, 기제사를 지냈다. 가구를 눕히기도 했다. '가족주의 없는' 가족은 마른반찬처럼 딱딱해지기 일쑤였다.

나무는 나무끼리 완성시키는 것 같다고들 말하지만, 나무는 잔디밭에 의해 완성되는 것처럼 디자이너의 옷은 입는 이가 완성하고 셰프의 요리는 먹는 사람이, 시는 시인이 아니라 읽는 독자에 의해 완성된다고 보면, 대관절 어느 세월에 가구는 완성될 것인가! 가족주의마냥.

가정식백반은 가정이 아닌 식당에서, 고급 기성복은 공장이 아니라 거리를 활보하는 젊은이들이 찬란하게 완성시킨다고! 이십 년 가까이 산 집, 모노륨 장판을 걷어내고 원목마루를 깔았다. 마침내 가구가 완성되었다! 가족 모두 가구를 향해 외쳤다. 동시에 가족주의마저 완성되었다.

백중(白重)

내리는 눈을 맞아
늘어뜨린 풍차말리화(風車茉莉花)
바람은 미친 듯이 달리고
더디게 내려오는 달의 밧줄
누구는 달빛 위에서, 누구는 얼음 밑에서
향기를 던지고 사라지는
초백(草白)의 싸릿돌
당신은 쓰고 무겁다
흰 불을 쓴 우산처럼
먼 곳을 다녀온 이의 젖은 옷처럼

꽃들은 풍차, 하나 둘 모여 각설탕
모로 걸어도 예쁘다, 종아리
가린 잎사귀들이 초록을 펼친다
그래도 떠나지 못하는
당신은 꿈조차
춥다, 몽롱한 방초(芳草)
죽음 속까지 파고드는

당신의 노래는 흰 싸릿돌,
유백(惟白)의 사랑
죽음을 땋아 늘어트린 유백(留白)
당신의 노래는 그 위에 돋는 돗바늘
모로 찔러도 아프다,
백효무약(白皛舞葯)
춤은 꽃밥의 허리를 휘감는다

붓이 지나가니 우는

저물도록 술병,
한지 깔고 시 하나 또 그 위에 흰 종이
찢어져 꽃피는 숲에 누웠다가 문득
돌아오는 길, 옷에 가득한 향기
털어내자
올라가는 물방울
풀밭이 뒤따르고
자청(紫淸)의 연못을 건너다
먹물 묻힌 암끝검은표범나비 한 쌍
나를 따라오니, 오로지 한 길
붓을 등짐처럼 진 자여,

'종이를 뚫고 잎들이 나타났다!'

붓이 지나가자 저항하는 소리
남록(南麓)을 향한 역필(逆筆)
흰 대지를 뚫고 올라오는
새순

해설

멈추지 않는 정신의 힘

임지훈(문학평론가)

    한우진의 시는 많은 것을 담고 있다. 주제론적인 측면에서 그의 시는 인간의 실존에서부터 세계에 대한 고민, 유년 시절에 대한 회상, 현대 사회에 대한 실의, 자연의 섭리에 대한 고찰, 시간의 흐름에 대한 생각 비가역성에 대한 단상들, 아버지의 실향과 그것을 사후적으로 느끼는 '나'의 문제 등, 수많은 이야기를 담고 있다. 하지만 한우진의 시가 많은 것을 담고 있다는 것은 단지 주제론에만 머무는 이야기가 아니다. 그의 시가 담고 있는 이야기의 총량은 활자의 총량을 아득히 초월한다. 그의 시적 언어가 일상 언어의 수준을 벗어나기 위해 매 순간 몸을 비틀고 있으며, 이러한 비틀림으로부터 일상 언어에서의 의미를 초과하는 여백이 거듭 발생하기 때문이다.

어떤 의미에서 한우진의 시는 표면적으로 확고하고 또렷한 이야기를 하고 있는 것처럼 보여도, 매 순간 그의 시가 노리는 것은 이 비틀림의 생성, 의미를 초과하는 여백의 발생인 것처럼 보인다. 자칫 이야기가 지닌 서정에 매몰되어 끌려다닐 수 있는 순간에도 그의 언어는 상투적인 의미의 덫에서 빠져나오고자 매 순간 몸부림을 친다.

>불을 만들어 옮기던 때가 있었다.
>접시에 담긴 음식처럼 집집마다 돌렸다, 계절을 깨우며
>나무들이 그것을 옮겼다. 불여화쟁(不與火爭)
>느릅, 버드, 느티, 박달, 뽕, 산뽕, 대추, 은행, 조롱, 졸참
>짝을 이뤄 동시상영은 강과 골짜기로 번졌다.
>죽은 자들의 책이 살아났다. 검은 불꽃,
>
>죽은 나무를 만나기 위해서는 눈[雪]만으로 충분할 것이다.
>
>먼발치에서 사랑하다가 같이 죽는 '내 나무'
>태어남과 죽음의 동시상영관
>대지극장에서 나는, 검은 책을 읽었다.
>불꽃에 밑줄을 치면서,

너를 사랑하다 죽은 '내 나무'는 대지극장에 있었다.
—「대지극장」 전문

 위의 시에서 화자는 선사 시대 태고의 기억으로부터 이야기를 시작한다. 불을 나누던 원시 공동체의 이야기 속에서, 생과 사는 불을 매개로 순환하며, 자연은 이러한 순환의 무대이자 순환이 가능케 하는 배경으로 존재한다. 배경이면서 동시에 그러한 순환을 주관한다는 점에서, 자연은 이 시의 주인공이기도 하다. 이러한 자연의 동시적 특성을 화자는 "대지극장"이라는 명칭으로 표식하며, 그것이 생과 사의 순환이 상연되는 공간이라 호명하면서도 이러한 공간 자체가 이 시의 중핵임을 제목으로 삼아 밝히고 있다. 무대이자 중핵인 "대지극장" 위에서, 모든 시적 대상은 인간과 자연물의 경계를 떠나 모두 동등한 위치로 존재한다.
 「대지극장」이라는 제목을 통해 펼쳐지는 시적 대상들의 연쇄, 특히 "불"이 이어주는 무수한 자연물들과 '인간'을 중심으로 하는 인공적 사물들은 일상 언어의 굴레로부터 벗어난다. 그런데 여기에서 중요한 것은 이 무수한 태고적 심상이 단지 순환과 섭리라는 대자연의 진리를 찬양하기 위해 제공된 것만은 아니라는 사실이다. 다시금 이 모든 것이 「대지극장」이라는 알레고리로 그 의미가 매듭지어진다는 사실이 중요하다. 극장은 일련의 메시지를 전달하기 위해 관람자를 향해 상연된다. 예컨대, 그것을 바라보는 '화자'라는 관찰자가 없다면 그것은 알레고리로서의 기능을 상실한다. 따라서 여기에서 중요해지는 것은 「대지극장」에서, 그것이 「대지극장」임을 감각하면서 존재하는 '나'라는 존재이다.

그런데 여기에서는 또 한 가지 주목되어야 하는 것이 있다. 모든 의미를 성립 가능하게 만든다는 이유에서 '나'라는 존재는 자칫 절대적으로 보이지만, 실상 그는 「대지극장」에 앉아 보는 것 외에는 어떠한 별도의 행동을 취하지는 않고 있다는 사실이다. 하지만 이 또한 무력감이나 무능함과는 구별되어야 하는데, 바라보는 존재로서의 '나'라는 특수한 시적 주체를 정립하고 있기 때문이다. 이때의 '바라봄'은 "검은 책"을 읽는 모습과 "너를 사랑하다 죽은 '내 나무'는 대지극장에 있었다."는 과거형의 표현을 통해 보다 구체적이게 된다. 그것은 '나'의 '바라봄'이 단순한 관조나 관망에 지나지 않는 것이 아니라 의미화되지 못한 과거를 자기 안에 다시 새기기 위한 행위라는 사실이다.

> 희디흰 달걀을 삶아서 물에 담근다. 떠내려가다가 어디쯤 구릉, 아카시꽃이 핀다. : **開白**개백

> 저녁은 검은 구두를 신고 나간다. 곧장 보름달에게 달려간다. : **奔月**분월

중절모는 그리움을 걸고 있다. 중절모를 쓰면 어김없이 눈이 쏟아진다. : **戴雪**대설

　촛불은 밤하늘이 있는 광장을 꿈꾼다. 촛불은 태양 아래에서는 결코 연대하지 않는다. 갇혀 있을 때는 천장을 향한다. 천장에 음부가 매달려 있다고 굳게 믿기에. : **南天燭**남천촉

　찻잔 속의 것은 헛소동, 유리컵은 다르다. 폭풍은 유리를 찾아간다. : **傾盆大雨**경분대우

　망치질은 철학을 만드는 한 방식이다. 낙타의 삶은 사막을 전제한다. 망치는 그것을 두드려 박고 뽑아낸다. : 破8 파팔

―「식도 1」 부분

　그런데 이것은 우리가 일상 언어의 활용에 만족하지 못하고 거듭 시를 짓고 읽는 까닭과도 상통한다. 우리의 현실은 일상 언어만으로 완전히 포획될 수 없으며, 덧붙여 말해 일상 언어는 현실 속에 기거할 것을 '법'을 통해 허락된 사건만이 그 자신의 자리를 얻을 수 있다는 특수성을 지닌다. 즉, '법'이

허락하지 않은 사건은 비록 그것이 여전히 '기억' 속에 존재한다 할지라도 언어 속에 자신의 자리를 얻을 수 없으며, 언어라는 몸피를 얻지 못한 기억은 기록되지 못한 채 휘발되기 마련이다. 그러한 현실 속에서 시적 언어는 곧 언어라는 특수한 매개 안에 자신의 자리를 얻고자 투쟁하는 '비언어'적 시간들의 자리이다. 더불어 그렇기에 시적 언어는 일상 언어와 의미론적인 교집합을 지니면서 늘 그 교집합으로부터 여분의 자리를 향해 스스로를 뻗어나간다.

그러한 의미에서 한우진의 시적 언어는 '시'의 본령에 접근하고자 늘 치열하게 사투를 벌이고 있다. 그가 「식도」 연작에서 '르네 마그리트'의 그림을 인용하는 까닭도 이와 같지 않을까? 이미지와 언어의 불일치를 보여주는 마그리트의 그림이 그러하듯이, 혹은 이러한 불일치의 관계성을 이용해 일상 언어와 시적 언어의 여집합의 부분을 치열하게 탐색하는 것. 이를 위해서 시인은 르네 마그리트의 〈꿈의 열쇠〉를 인용한 뒤 여기에서 나타나는 이미지와 언어 사이에서 일어나는 불일치를 치열하게 파고든다. 그리고 이어지는 구절에서 자신이 목도한 현상을 제시하고 이름 붙임으로써 새로운 호명의 과정을 형성한다. 이 호명은 언어와 세계 사이의 불일치를 전제하고 있기에 백과사전식의 어휘-지식의 나열이 아니라, 그 사이에 간극을 바라볼 것을 독자에게 요청한다.

이러한 과정에 대해 시인은 「서정춘」이라는 시에서 화자의 입을 빌려 다음과 같이 선언한다. "초월성을 지니지 않은 문학은 끈적거릴 뿐 개운한 맛이 없다. 재래의 언어로 '비애'를 표현할 수밖에 없는 문학은 '국물 없는 국밥'에 다름 아니다." 이는 시인 자신의 입장을 간명하게 표현하는 것으로, 문학이 추구해야 할 지향점에 대한 교시이자 시집을 통해 추구하고자 했던 바에 대한 표지의 역할을 수행한다. 그에게 있어 문학은 일상적인 현상의 재현을 위한 도구가 아니라, 그러한 현상이 일상 언어로 재현될 때 발생하는 은폐작용을 폭로하는 방편이자 현상 너머 실체를 목격하기 위한 도구라는 것이다. 더불어 관습적이고 상투적으로 이루어지는 시적 발화는 문학의 핵심을 놓치고 있는 것이기에, 시인은 "재래의 언어로 '비애'를 표현"하는 관습과 상투성을 넘어설 것을 최상의 명령으로 이해해야 한다는 것이다.

1.

낱말들을 절약하시오. 오만 원 지폐처럼 귀하게 여기시오.

2.

여러 마리의 강(江), 말이 끄는 벼리.

3.

겨울, 폐렴, 양철지붕에 드러누워 들러붙은, 어둠에 털린 열매, 허허벌판에 뛰어다니다 쓰러지는 눈, 그러나 쌓이지 않는 눈, 기교라는 것.

4.
'현대적이어야 한다.'라는 화덕에 모여앉아 불을 쬔다. 어떤 인간은 큰 화로를 가지고 왔지만 겨우 재만 담아간다.

―「칠면조」부분

따라서 이 시적 화자에게 언어-세계는 일치하는 것이 아니라 늘 여집합을 소유하는 부분적 불화의 관계와 같다. 어찌 보면 그럼에도 언어를 통해 세계에 대해 이야기해야 한다는 것은 시인이 불화를 품으며 살아갈 수밖에 없는 저주를 헤아리는 자라는 의미처럼 들리기도 한다. 그러나 한우진은 그러한 저주를 앓으며 고통을 경험하면서, 한편으로 그러한 저주가 그 자체로 시의 재료가 될 수 있음을 이해한다. 여기에서 중요한 것은 그 불화 속에 존재하는 언어-세계의 여집합의 부분을 어떻게 이해하고 표현할 것인가이다.

위의 시에서 화자는 "허허벌판에 뛰어다니다 쓰러지는 눈, 그러나 쌓이지 않는 눈, 기교라는 것."이라거나, "'현대적이어야 한다.'라는 화덕에 모여앉아 불을 쬔다. 어떤 인간은 큰 화로를 가지고 왔지만 겨우 재만 담아간다."고 말하며 그 표현 방식을 자체적인 시론으로 확언한다. 언어-세계의 여집합을 겨냥하는 시인의 언어는 단지 기교를 통해 표출될 수 있는 것이 아니며, 현대적이어야 한다는 감각의 산물만으로 구성될 수도 없는 것이라는 화자의 말이 그것이다. 외려 시의 전문을 곱씹어보자면, 그러한 방법은 부분적인 것에 불과할 뿐 근원적인 방법론이 될 수 없다는 것이 시인의 입장이다. 따라서 이를 위해서는 먼저 "어떤 음악, 어떤 말은 안개가 걷히지 않는다. 누가 그랬더라, '**음악은 시의 자매이고, 그녀의 어머니는 슬픔이다!**'라고. 가만히 들여다보면, 우리는 각자 슬픔의 배경이 다르고, 무엇보다도 슬퍼지려는 눈물 맺힘의 온도가 서로 다르기 때문에 그럴 것이다."(「쇼스타코비치」)라는 인간 정서에 대한 이해가 수반되어야 한다. 시인은 새로워야 하되, 그 새로움을 위해 과잉된 수사와 감각을 동원하는 것이 아니라, 인간에 대한 보편적 이해의 심급을 보다 깊이 정련해가는 과정이 필요한 것이다.

  이는 한우진의 시집에서 더러 출현하는 서정적 감각의 언어적 활용이 인간 이해의 방편으로 활용되고 있음을 의미한다. 「예백(曳白)」, 「늦은 조문」, 「좌귀음(左歸飮)」 등의 시가 그러하다. 이 시편들에서는 시인 특유의 현상에 대한 관찰과 자기 자신에 대한 이해가 배음으로 흐르고 있다. 그러한 배음을 바탕으로 현실로부터 추상된 이미지는 단순한 풍경을 넘어 인간의 내면에 대한 이해의 과정으로서의 심상(心想)으로 다시 태어난다.

> 첫째로 천박한 시인이 있다. : 3C, 둘째로 깊은 시인 —— 대상의 깊은 곳으로 들어가는 사람들 —— 이 있다. : 2B, 셋째로 철저한 시인이 있다. 그들은 대상의 근본을 찾아 살린다. —— 이것은 단지 대상의 깊은 곳으로 내려가는 것보다 훨씬 커다란 가치가 있다! : 1A, 머리가 진흙탕 속에 박혀 있는 시인이 있다. 그러나 이것은 깊음의 표시도, 철두철미함의 표시도 아니다! 그들은 사랑스러운 지하의 것이다. : 1++A
>
> ―「등급」전문

이처럼 서정적 감각과 치열한 인식론적 사투의 반복을 시집을 통해 목도하고 있자면, 어쩌면 시인이 진정 원하는 바란 위의 시에서 나타나듯 "천박한 시인"의 단계로부터 "사랑스러운 지하의 것"을 소유한 "머리가 진흙탕 속에 박혀 있는 시인"이 아니라, 그러한 단계들을 모두 소유한 시인이 아닐까 하는 생각이 피어나게 된다. 시인의 지향에 대한 화자의 단언에서부터 시작되는 시와 선경후정의 구조가 번갈아 제시되는 시집의 구조로 인한 것일 텐데, 그 속에서 피어나는 정서적 동요를 목도하고 있자면, 위의「등급」이란 그 제목과 달리 단지 시인을 분류하기 위한 목적이 아니라 시인의 내면에서 상시적으로 작동하는 발생론적 인식의 경로가 아닌가 생각하게 되기 때문이다. 그렇기에 시인은 「근육」이라는 시에서 다음과 같이 말하며 시인의 공동체라는 가상의 집단을 그려내는 것이 아닐까.

〈근육〉이라는 술집에 모여 시인들은 말한다. "매일 열심히 걷고 있어요." 자신감을 드러낸다. 이 말은 "매일 열심히 쓰고 있어요."인 것이다. 지구력과 신진대사의 촉진만으로 시라는 것이 활기차질까! "매일 **새로운 생각**을 하고 있어요."라고 말하는 시인은 드물다. 사유의 장딴지, 활배근 그리고 이두박근 —— 그 말들은 이런 것을 내포한다. 시의 파워는 시인의 근육에서 나온다. 여러 근육 가운데 '정신'이란 근육은 쓰기라는 운동이 아니라 **저항과 반성**의 단련을 거쳐야 생긴다. 시로 평생 늙은 사람에게 기교는 멀리 있는 '열 자식'이고 (인식의 땔감인) 언어는 '**스무 개의 치아**'다. 이 말을 되새김질하면 이런 것을 뜻한다. 시의 효자는 기교가 아니라 새로운 인식 —— **씹는 즐거움** —— 의 바탕인 언어군(群) —— 이다. 이 말은 다음의 말을 담보로 한다. 인생 후반이 그렇듯이, 시도 '씹는 힘'으로 버텨야 한다. 시의 늘그막을 받치는 힘은 근육에서 나온다. 걷는 것만으로는 근육이 줄어드는 걸 막지 못한다는 것을 세계 예

술사는 증거하고 있다. 술집을 나설 때 보라! 그들의 말은
(등 근력을 잃어) 구부정하고 사레까지 걸려 (독자를 휘어잡는)
'쥐는 힘[握力]'을 상실한 지 오래다. 근육은 시의 당화혈색
소 —— 감상혈색소를 잘 조절하도록 도와준다는 사실에
고무되어 나는 오늘도 뒤로 걷고 앞으로 달린다.

—「근육」 전문

  시인들은 "〈근육〉"이라는 술집에 모여 매일 이어지는 활자와의 사투를 주고받는다. 화자는 그러한 시인들의 표현을 들으며 시란 무엇이고, 시를 쓰기 위한 동력은 무엇인가에 대해 고민한다. 여기에서도 화자는 다시금 '기교'와 인식에 대해 정의하며 시인에게 진정 필요한 능력이 무엇인가에 대해 생각한다. 그가 제시하는 것은 세련된 기교도, 현대적 감각도 모두 부차적인 것에 불과할 따름이라는 것이다. 중요한 것은 현상을 거듭 바라보며 그 내부로 파고들 수 있는 힘이다. 사태를 계속 곱씹으며, 언어로 표현될 수 없는 여집합의 세계를 계속 노려보는 '바라봄'이다. 그러기 위해 시인은 현실적인 감각만이 아니라 그로부터 벗어나기 위한 감각 또한 잃지 않기 위해 일련의 훈련을 해야만 한다. 그리고 그 과정은 단지 골방에 틀어박혀 혼자 사색을 하는 것만이 아니라 **저항과 반성**이라는 지속적인 운동을 통해 가능해진다.

  우리는 이와 같은 시인의 세계를 어떻게 이해하면 좋을까.

그의 시적 경로를 통해 그 방법을 제시해 보자면 다음과 같을 것이다. 1. 시에서 드러내는 표면적 이미지를 있는 그대로 향유하는 것. 이미지가 제시하는 정서를 그대로 흡입하는 것이다. 2. 이미지의 사이에서 발생하는 불협화음을 주시하는 것. 한우진의 시집에 실린 언어란 일상 언어와 세계의 불일치를 전제하고 있음을 감각하며 단어를 다시금 새롭게 바라보는 것이다. 3. 다시금 시로 돌아와, 그의 시를 오래도록 곱씹으며 그 의미를 향유하는 것. 이것은 현실 세계로부터 시적 언어를 추상하기 위한 시인의 방법론이면서 우리가 한우진의 시를 받아들이는 방법이기도 하지 않을까? 확실한 것은, 한우진의 이번 시집이 그 물피로는 설명할 수 없는 고유의 부피와 깊이, 물성을 그 안에 숨기고 있다는 사실이다. 마치 곱씹을수록 그 의미가 달라지고 깊어지는 역사적 사건처럼, 한우진의 시는 지금 우리 앞에 현현하고 있는 것이다.

시인동네 시인선 230

대지극장에서 나는, 검은 책을 읽었다
ⓒ 한우진

초판 1쇄 인쇄	2024년 4월 18일
초판 1쇄 발행	2024년 4월 25일
지은이	한우진
펴낸이	김석봉
디자인	헤이존
펴낸곳	문학의전당
출판등록	제448-251002012000043호
주소	충북 단양군 적성면 도곡파랑로 178
전화	043-421-1977
전자우편	sbpoem@naver.com

ISBN 979-11-5896-643-0 03810

*이 책의 판권은 지은이와 문학의전당에 있습니다.
*양측의 서면 동의 없는 무단 전재 및 복제를 금합니다.
*잘못 만들어진 책은 바꿔드립니다.